मै मेवाड़ बोल रहा हूँ

VIJAY BHAVA

हित उपाध्याय

<u>आर्यकुल कमल दिवाकर हिन्दुवा</u>

<u>सूर्य मेदपाटेश्वर महाराणा मेवाड ईस्टदेव</u>

<u>श्री एकलिंगनाथ जी को समर्पित</u>

क्रम-सूची

प्रस्तावना

<u>लेखक की कलम से........</u>

नमस्कार मै हित उपाध्याय कक्षा ग्यारहवी का छात्र हूँ | मै महाराणा मेवाड़ पब्लिक स्कूल उदयपुर मै अध्यनरत हूँ | ये किताब मै मेवाड़ बोल रहा हूँ |विजय भव मेवाड़ के इतिहास,कला,संस्कृति,साहित्य,गीत,नृत्य,शौर्य,वीरता को दर्शाता है| इसमे मेवाड का लगभग सम्पूर्ण इतिहास है | इसे आप सभी लोग अवश्य पढे | मैंने बड़ी ही मेहनत से 6 माह के अंतराल मै यह पुस्तक लिखी है | इसकी प्रेरणा मुझे भगवान श्री एकलिंगनाथ जी मेरे माता-पिता व विशेष रूप से मित्र राजेश से मिली | साथ ही मेरे गुरुजन श्री सोहनलाल जी, दिलीप जी व अमृत जी का भी सहयोग रहा | यह पुस्तक नयी पीढ़ी के साथ ही प्रतियोगी परीक्षा की तैयारी कर रहे महानुभावों के लिए कारगर साबित होगी | अगर पुस्तक लिखते वक्त मुझसे कोई गलती हो गयी हो तो बड़ा दिल रखकर मुझे क्षमा करे | और त्रुटि होने पर मेल के माध्यम से अवगत करावे |.........................

निवेदक

हित उपाध्याय
<u>896svgms@gmail.com</u>

जय मेवाड़

Enter Caption

जय एकलिंगनाथ

भूमिका

अस लेगो अणदाग पाग लेगो अणनामी
गो आडा गवड़ाय जीको बहतो घुरवामी

Enter Caption

नवरोजे न गयो न गो आसतां नवल्ली
न गो झरोखा हेठ जेठ दुनियाण दहल्ली
गहलोत राणा जीती गयो दसण मूंद रसणा डसी
निसा मूक भरिया नैण तो मृत शाह प्रतापसी
        {विजय भव:}

पावती (स्वीकृति)

<u>मैं मेवाड़ बोल रहा हूं........विजय भव:</u>

Enter Caption

1

श्री एकलिंगजी

2

मीरा बाई

3

कुंभलगढ़

4

चित्तौड़गढ़

5

रानी पद्मिनी

6

पन्ना धाई

7

महाराणा प्रताप

8

उदयपुर

मेवाड़ के अन्य हिस्से

10

कला, साहित्य, संस्कृति, नृत्य, व गीत